DESCRIPTION
DE
L'HORLOGE ASTRONOMIQUE
DE LA
CATHÉDRALE DE BESANÇON

DESCRIPTION

DE

L'HORLOGE ASTRONOMIQUE

DE LA

CATHÉDRALE DE BESANÇON

EXÉCUTÉE

PAR BERNARDIN FILS

Horloger-mécanicien à Saint-Loup (Haute-Saône)
Membre de l'Académie nationale de Paris

Sous les auspices

De S. E. Mgr le cardinal Mathieu

ARCHEVÊQUE DE BESANÇON

—◊—

Admise à l'Exposition universelle de 1855.

—◊—

PARIS
IMPRIMERIE DE GAITTET ET Cie
7, RUE GÎT-LE-CŒUR

—

1855

DESCRIPTION

L'HORLOGE ASTRONOMIQUE

DE LA CATHÉDRALE DE BEAUVAIS

PAR M. DESIR-AUGUSTE VÉRITÉ

Propriété de l'artiste

Admise à l'Exposition universelle de 1855.

PARIS
IMPRIMERIE DE GARNIER ET Cⁱᵉ
1856

DESCRIPTION

DE

L'HORLOGE ASTRONOMIQUE

DE LA

CATHÉDRALE DE BESANÇON.

C'est à la généreuse initiative de Son Éminence le Cardinal Mathieu, archevêque de Besançon, qu'est dû ce remarquable ouvrage. Le prélat, désirant construire une horloge pour son église métropolitaine, a bien voulu en confier l'exécution à un jeune artiste Franc-Comtois, dont le talent s'était déjà révélé par un essai curieux de ce genre. Afin de mieux encourager ce génie naissant, Monseigneur lui donna toute latitude pour développer ses idées, et réaliser un plan depuis longtemps rêvé, et tellement compliqué qu'il pouvait, au premier coup d'œil, passer pour impossible. Cependant le succès est venu justifier la libérale confiance du prélat et l'instinctive sécurité de l'auteur. Les arts devront à l'un et à l'autre une égale reconnaissance.

Cette horloge est donc destinée à la tour de l'église cathédrale de Besançon. La première pensée de l'artiste eût été de la placer dans l'intérieur de l'église; mais Son Éminence, pour éviter un tumulte peu séant dans le lieu saint, a préféré l'établir au sommet de la tour, où elle pourra sans inconvénient s'offrir aux regards des curieux.

Elle a 5 mètres 50 centimètres de hauteur, y compris le chevalet; 2 mètres 40 centimètres de largeur, et 1 mètre d'épaisseur. Si l'on tient compte des rouages de transmission destinés à la grande sonnerie et aux cadrans extérieurs, elle se décompose en 13,638 pièces en fer, fonte, cuivre et acier poli ou doré. Son poids total dépasserait alors 6,000 kilo.

Et pourtant rien n'y paraît lourd ou volumineux. Il est visible, au contraire, que l'artiste y a ménagé la matière le plus possible, de manière à donner à son œuvre une forme simple, élégante et svelte, sans rien ôter à sa parfaite solidité. Au premier coup d'œil, on dirait un travail de broderie ou un tissu de dentelle.

Voici le détail abrégé de ses diverses parties :

I. Mouvement.

Le mouvement principal, fixé au centre de l'horloge et au-dessus du chevalet, est formé de neuf rouages, avec échappement à cheville, à force constante et remontoir d'égalité. Ces rouages sont en cuivre, et l'échappement est garni de diamants. Le cylindre principal a 21 centimètres de diamètre; sa grande roue a 40 centimètres de diamètre, et les autres, y compris celle d'échappement, sont d'une force proportionnelle à celles-ci. Le poids qui détermine la marche est de 40 kil. Le poids du régulateur de la force constante, qui met en mouvement la lentille, est de 60 grammes. Toutes les dix secondes, ou six fois par minute, le mouvement se communique à toutes les parties de l'horloge, et la force se renouvelle par l'effet du remontoir d'égalité. Le balancier, long de 1 mètre, jusqu'à la lentille, est composé de neuf tringles en fer et en cuivre préparés. En bas, une lentille en cuivre de 5 décimètres de diamètre; au sommet, une aiguille de pyromètre, longue de 5 décimètres, et donnant, par l'effet de la dilatation ou de la condensation du métal des tringles, le degré de froid ou de chaleur, indiqué sur un écusson en émail : ce même balancier décrit à chaque oscillation les degrés du cercle. L'échappement est muni d'une vis de rappel, au moyen de laquelle on peut, dans toutes les positions, le mettre en équilibre.

De chaque côté du moteur principal sont placés les moteurs de la grande sonnerie, qui doit s'exécuter sur les cloches de la cathédrale. Ils sont rattachés au moteur principal par une simple détente.

II. Divisions du temps : horaire, diurne, mensuelle.

1° A gauche du balancier est un cadran en albâtre de 25 centimètres de diamètre, marquant les tierces, par saut de 60, ou sixième de minute. L'aiguille fait sa révolution en dix sauts ; elle fait donc soixante sauts par minute : c'est-à-dire marque 60 fois 60, ce qui fait 3,600 : la tierce étant la soixantième partie de la seconde, et la trois mille six centième de la minute.

2° A droite, un cadran de même dimension et aussi en albâtre marque les secondes, également par saut de 10 secondes, ou sixième de minute. Ainsi, l'aiguille fait son tour en six sauts et en une minute : la seconde étant la soixantième partie de la minute.

3° Au-dessus de l'échappement, et au centre de la pièce, est un cadran de 30 centimètres de diamètre, indiquant l'heure et la minute au méridien de Paris.

Chacun sait qu'on distingue en astronomie l'heure sidérale, l'heure solaire vraie et l'heure solaire moyenne.

C'est cette dernière qui est indiquée ici : les autres appartiennent au cadran des équations et à la sphère céleste.

4° Un quatrième cadran, placé à gauche du balancier, marque tout à la fois, 1° le temps apparent; 2° le lever et le coucher du soleil; 3° la croissance et la décroissance des jours et des nuits.

Ce cadran a 55 centimètres de diamètre, et est divisé en vingt-quatre heures, afin de pouvoir décrire en entier le cercle du jour et de la nuit. L'aiguille unique porte à l'une de ses extrémités l'image du soleil en cuivre doré.

1° On entend par *jour apparent*, l'espace de temps où le soleil, dans sa révolution périodique, occupant un point donné de l'écliptique, paraît visible sur notre horizon.

2° Le lever et le coucher du soleil sont les moments précis où cet astre paraît sur notre horizon et en disparaît; c'est-à-dire où il passe de l'hémisphère inférieur à l'hémisphère supérieur *et vice versâ*. Les personnes les moins versées dans l'astronomie savent que ce mouvement n'est qu'apparent, et qu'en réalité c'est la terre qui, en opérant sa révolution diurne autour de cet astre, présente successivement à ses rayons toutes les parties de sa surface. Conséquemment, le moment du lever et du coucher du soleil varie à chaque pas que l'on fait d'Orient en Occident ou d'Occident en Orient. Le point de départ est ici le méridien de Paris.

3° La croissance et la décroissance du jour n'est autre chose que la déclinaison du soleil, c'est-à-dire sa distance de l'équateur céleste mesurée sur l'arc du grand cercle qui passe par les pôles de la sphère. Elle est par rapport au soleil ce qu'est la latitude par rapport aux lieux terrestres.

Sur le cadran dont nous parlons, un papillon en cuivre doré, fixé par la tête au centre même du cadran, déploie ou resserre ses ailes, suivant que la durée du jour croît ou décroît. La partie du cadran que ses ailes recouvrent renferme les heures qui appartiennent à la nuit; et celles qu'elles laissent à découvert indiquent les heures du jour. Le mouvement a donc lieu chaque jour progressivement et imperceptiblement. Il est déterminé par une ellipse qui fait sa révolution en trois cent soixante-cinq jours six heures. Cette image du papillon, de l'invention de l'auteur, a permis aussi de constater par une seule opération, tout à la fois le jour apparent, le lever et le coucher du soleil, et la croissance et la décroissance des jours et des nuits.

5° Un cinquième cadran, placé sur la droite et d'un diamètre de 55 centimètres, indique : 1° le quantième perpétuel, c'est-à-dire le classement des jours par rapport aux mois auxquels ils appartiennent ; 2° les douze mois de l'année ; 3° les équinoxes, c'est-à-dire les points précis où le soleil se trouvant sur l'équateur, le jour et la nuit sont égaux par toute la terre : ce qui arrive deux fois l'an, vers le 20 mars et le 22 septembre ; 4° les solstices ou points de l'année où le soleil atteignant l'un des tropiques donne le jour le plus long et le plus court de l'année : ce qui a lieu également deux fois l'an, vers le 20 juin et le 21 décembre ; 5° l'entrée du soleil dans chacun des douze signes du zodiaque ; 6° les quatre saisons de l'année.

Ces résultats sont obtenus au moyen d'une aiguille unique, qui fait sa révolution en un an. Cette aiguille, portant à l'une de ses extrémités l'image du soleil en cuivre doré, indique successivement les signes où entre cet astre ; tandis que l'autre extrémité marque sur trois bandes parallèles circulaires le jour, le mois et la saison. Mais, pour donner tout à la fois ces diverses indications, l'artiste a dû, par une heureuse idée qui lui est propre, renverser l'ordre des signes du zodiaque, c'est-à-dire placer ceux d'hiver près des mois d'été, afin que l'aiguille rectiligne indiquât, par exemple, d'un bout tout à la fois janvier, le premier jour de janvier et la saison d'hiver ; et, de l'autre, le signe du capricorne, où est le soleil à cette époque de l'année.

III. Comput ecclésiastique.

Cette partie se compose de six cadrans de 25 centimètres de diamètre, et qui donnent les indications suivantes :

1° *Le cycle solaire.* C'est une période de vingt-huit années, renfermant toutes les coïncidences possibles des jours de la semaine avec les jours du mois. Après ce laps de temps, les jours reviennent dans le même ordre et au même quantième du mois que vingt-huit ans auparavant [1].

2° *Le cycle lunaire ou nombre d'or.* C'est une période de dix-neuf années, pendant laquelle les nouvelles et les pleines lunes doivent se reproduire dans le même ordre et aux mêmes jours que dix-neuf ans auparavant. On appelle ce cycle *nombre d'or*, parce qu'on avait coutume à Athènes d'en graver en lettres d'or le chiffre courant.

3° *La lettre dominicale.* C'est la lettre qui désigne tous les dimanches de l'année courante. Il y a deux lettres dominicales dans les années bissextiles : la première sert jusqu'à la fête de S. Mathias, et la seconde

---

1. Sauf que les années sont bissextiles de quatre ans en quatre ans.

jusqu'à la fin de l'année. Les lettres, pour devenir dominicales, ne suivent point l'ordre ordinaire, mais une marche rétrograde; c'est-à-dire que, si, par exemple, C est lettre dominicale cette année, B le sera l'année prochaine.

4° *L'indiction romaine.* C'est une manière de compter en usage dans le calendrier ecclésiastique, mais ne reposant sur aucune donnée astronomique. Elle est fort en usage dans les anciens monuments ecclésiastiques.

5° *Les épactes.* On appelle ainsi d'un mot grec (*Epaktai*, sous-entendu *Hemerai*) les jours que l'année lunaire a de moins que l'année solaire, et qui sont au nombre de onze.

6° *Le millésime ou chiffre de l'année courante, à partir de l'ère chrétienne.* Ce résultat s'obtient au moyen de quatre cercles mouvants, et portant chacun dix chiffres, de 1 jusqu'à 9, plus un zéro. Le premier cercle, qui est celui des unités, fait sa révolution en dix ans, au bout desquels il transmet, par un cliquet, le mouvement au second cercle, qui est celui des dizaines. Celui-ci, à son tour, sa révolution achevée, imprime le mouvement au cercle des centaines ou des siècles, qui lui-même le communique, après chacune de ses révolutions, à celui des mille. Après un laps de 9,999 ans l'addition d'un 1 supplémentaire aux quatre zéros qui se présentent d'eux-mêmes forme le nombre 10,000; puis une nouvelle série recommence, et ainsi indéfiniment.

IV. Équation du temps.

Une vignette en émail placée au-dessus du comput ecclésiastique indique avec précision l'heure du temps vrai, et par conséquent sa différence d'avec le temps moyen. On sait que cette différence repose sur ce que le temps moyen est la durée d'une révolution de soleil divisée en vingt-quatre parties égales indiquée par une pendule, tandis que la durée du temps vrai est l'espace du temps écoulé entre deux passages successifs d'un astre sous le même méridien : espace qui ne coïncide point exactement avec nos divisions horaires. Aussi la pendule la mieux réglée est-elle tantôt en avance, tantôt en retard sur le méridien. Cependant quatre fois l'an, au 14 avril, au 15 juin, au 30 août et au 24 septembre, l'heure du temps moyen se trouve concorder avec celle du temps vrai ; c'est ce qu'on appelle *équation du temps*, et ce qu'indique la vignette dont nous parlons.

V. Phases de la lune.

On appelle ainsi les formes variables que prend à nos yeux cette planète dans sa révolution autour de la terre, selon qu'elle reçoit plus ou moins les rayons du soleil. Ces changements sont ici exactement représentés par un globe lunaire de 15 centimètres de diamètre, et coloré mi-partie or, mi-partie azur. Ce globe, placé sous une petite voûte étoilée, opère sa révolution en un mois horaire, c'est-à-dire en vingt-neuf jours et demi, et reproduit ainsi successivement toutes les phases du satellite de la terre.

VI. Éclipses de soleil et de lune.

Un cadran placé sur la gauche de l'horloge indique toutes les éclipses du soleil qui doivent avoir lieu dans l'année courante. Un cercle mobile en cuivre désigne le jour et la durée de chacune d'elles, et indique de plus si elle sera visible ou invisible au méridien de Paris.

Un autre cadran, placé à droite, reproduit les mêmes indications pour les éclipses de lune.

Ce mouvement repose sur le calcul des épactes astronomiques. Le retour périodique des éclipses de soleil et de lune a lieu tous les dix-huit ans onze jours. Comme c'est aux Chaldéens qu'on doit cette découverte, ce cycle a conservé le nom de révolution chaldéenne.

VII. Bissextilité des années et des siècles.

Chacun sait que, dans le calendrier grégorien, après trois années communes, il y a une année bissextile, et après trois siècles communs, un siècle aussi bissextile. Par exemple, les années 1600, 2000, 2400 appartiennent à des siècles bissextiles. Le mécanisme de l'horloge rend compte, sur deux cadrans, de ce calcul et de ses fractions les plus minimes pour les années et pour les siècles. La justesse du procédé est telle, qu'il reproduit, au moyen d'une aiguille, un fraction de 2 heures 13 minutes 20 secondes, qui ne se retrouve que tous les 4,400 ans, c'est-à-dire qui est disséminée sur onze siècles bissextiles.

VIII. Méridien.

Dans le pourtour de la façade que nous décrivons, se trouvent quatorze cadrans en albâtre, avec lunette en cuivre doré, et d'un diamètre de 25 centimètres, indiquant toutes les heures au méridien des principales villes du monde. Ces villes sont :

Pour l'Europe : Londres, Vienne, Rome, St-Pétersbourg, Constantinople, Besançon ;

Pour l'Asie : Jérusalem, Pékin ;
Pour l'Afrique : Alger, le Caire ;
Pour l'Amérique : New-York, Rio-Janeiro ;
Pour l'Océanie : Taïti, Batavia.

Ces cadrans portent le degré de longitude et de latitude de chacun de ces divers points du globe. Ces quatorze méridiens sonnent leurs heures, leurs demies et la répétition des heures.

IX. Fêtes mobiles.

La fête de Pâques détermine l'ordre de toutes les fêtes mobiles de l'année. Or, le Concile de Nicée, en 325, a fixé cette fête au Dimanche qui suit la pleine lune de mars ; son siége peut ainsi varier du 22 mars au 25 avril. Une table perpétuelle, placée au-dessus de la façade principale de l'horloge, et concordant avec le comput ecclésiastique, indique le jour où Pâques doit tomber dans l'année courante, et donne, en conséquence, l'ordre des autres fêtes mobiles : Ascension, Pentecôte, Trinité, Fête-Dieu, comme aussi le premier dimanche d'Avent, et la Septuagésime et la fête de S. Mathias pour l'année suivante. Cette table est divisée en deux cadrans oblongs, qui se font pendant l'un à l'autre.

X. Sphère céleste et planisphère.

Au côté droit du balancier, et en avant du chevalet, est placée, sur un piédestal en bronze, une sphère céleste de 80 centimètres de diamètre, de couleur bleu de ciel, et représentant le firmament. Elle contient les étoiles jusqu'à la vi^e grandeur, au nombre de 3,600, et groupées en quatre-vingt-six constellations. Ces étoiles sont en cuivre doré, et d'une dimension proportionnelle. Cette sphère opère sa révolution diurne sur elle-même, de manière à donner le jour sidéral, c'est-à-dire l'espace de temps compris entre deux passages d'un même astre dans le même méridien. Ce mouvement s'opère avec la plus grande précision par des ressorts invisibles, mus par le mécanisme de l'horloge. Chacun sait que le jour sidéral est plus court que le jour solaire vrai d'environ 3 minutes 20 secondes. De plus, cette sphère entraîne dans son mouvement un cercle destiné à reproduire le phénomène connu sous le nom de précession des équinoxes. Ce cercle ne doit opérer sa révolution qu'en 25,866 ans.

De l'autre côté, c'est-à-dire à gauche du balancier, et à la même hauteur que la précédente, est placé également sur un piédestal en bronze, un planisphère ou plateau en verre poli et étamé, sur lequel est représenté au naturel le mouvement des planètes autour du soleil. Le soleil occupe le centre de l'espace, et fait sa révolution sur lui-même en 23 jours. Autour de lui circulent, dans leur orbite propre et dans le temps voulu, les planètes suivantes :

1° Mercure, en 88 jours environ.
2° Vénus, en 125 jours environ.

Ces deux planètes sont dites *inférieures*, puisqu'elles sont placées entre le soleil et la terre.

3° La terre, en 365 jours, 5 heures 48 minutes 52 secondes.

La lune, satellite de la terre, est emportée par celle-ci, et opère sa révolution autour d'elle en un mois lunaire, de 29 jours et demi.

4° Mars, en 687 jours environ.
5° Junon, en 1588 jours environ.
6° Cérès, en 1642 jours 1/2 environ.
7° Pallas, en 1653 jours 1/2 environ.
8° Jupiter, en 4330 jours environ.
9° Saturne, en 10,747 jours environ.
10° Uranus, en 84 ans.

Ces sept dernières planètes sont dites *supérieures* parce qu'elles sont en dehors du cercle que la terre décrit autour du soleil.

Toutes sont de matières et de couleurs diverses, et

opèrent leur révolution avec une exactitude mathématique.

XI. Marées.

Cette partie du mécanisme est incontestablement la plus remarquable, en ce qu'elle est entièrement de l'invention de l'auteur; car le précédent n'en existe nulle part.

On entend par *marée* le mouvement des flots de la mer, qui a lieu deux fois par jour, en sens inverse; c'est-à-dire par flux et par reflux. Pendant 5 heures 48 minutes l'eau monte, et, après avoir atteint un maximum de hauteur, redescend pendant le même espace de temps. Ce phénomène se reproduit deux fois en 24 heures : c'est ce qu'on appelle marée montante et marée descendante, ou flux et reflux. Il n'a lieu que dans les eaux de l'Océan.

Or, c'est ce phénomène que l'artiste a reproduit et rendu sensible par une image naturelle, dans sa magnifique hologe. On y voit les marées des dix ports suivants : Brest, le Havre, Cherbourg, les sables d'Olonne, Saint-Malo et Dunkerque, en France; Londres, en Angleterre[1]; Dublin, en Irlande; Amsterdam, en Hollande; et Cadix, en Espagne.

Chaque marée offre trois cadrans, placés horizon-

---
1. Le flux et le reflux se fait sentir à Londres par la Tamise.

talement. Celui du milieu, de 30 centimètres de diamètre, présente l'image même de la mer, reproduite par des lamelles de métal, ondulées de façon à imiter les vagues, et montant progressivement et insensiblement pendant 5 heures 48 minutes; puis redescendant, par un mouvement contraire, pendant le même laps de temps; et cela deux fois le jour. De petits vaisseaux en ivoire, placés sur ces lamelles, donnent encore à cette représentation un trait de plus avec la nature. Il est inutile de dire que ce double mouvement varie avec chacun des ports, et est néamnoins produit spontanément par le mécanisme de l'horloge.

Un second cadran, de 12 centimètres de diamètre, indique l'heure du port où la marée a lieu, et donne le moyen d'en contrôler la durée et l'exactitude.

Un troisième cadran indique les phases de la lune correspondant à chaque marée. Personne n'ignore que les astronomes attribuent le phénomène de la marée à l'influence de cet astre, nouveau moyen de contrôle présenté à l'observateur.

Nous le répétons : cette partie du mécanisme est tout à fait neuve et originale. Il a fallu de longs et laborieux calculs pour arriver à ce résultat, d'autant plus que chaque marée est en proportion de la croissance de la lune : en sorte que les eaux montantes atteignent leur maximum de hauteur quand cet astre est dans son plein, et *vice versâ*. Nous laissons à deviner ce qu'il a dû en coûter à l'artiste pour mettre en correspondance ces deux faits. On ne sait, du reste, qu'admirer le plus ici, de la justesse de l'opération ou de la simplicité du moyen.

Nous recommandons spécialement ce point à l'attention des connaisseurs.

Les dix marées sont placées sur les côtés de l'horloge, qu'elles remplissent et ornent tout à la fois.

XII. Divisions décimales.

Sur la façade de derrière, quatre cadrans, de 25 centimètres de diamètre, rendent compte des quantités décimales, au moyen d'une aiguille se déplaçant sur chacun d'eux par sauts de 3 secondes.

Sur le premier (mesure de longueur), l'aiguille désigne, d'un bout, le mot *myriamètre*, et de l'autre bout, *dix mille mètres*, valeur du myriamètre; puis *kilomètre—1000 mètres; hectomètre—100 mètres;* et *décamètre—10 mètres.*

Sur le second (mesure de capacité), l'aiguille indique, de la même façon : *kilolitre—1000 litres; hectolitre—100 litres; décalitre—10 litres.*

Sur le troisième (mesure de solidité), l'aiguille marque : *décastère—10 stères; stère—mètre cube;* et *décistère—10ᵉ partie du stère.*

Enfin sur le quatrième (mesure de pesanteur et de

surface), l'aiguille indique d'abord : *kilogramme—1000 grammes; hectogramme—100 grammes; décagramme—10 grammes; centigramme—100ᵉ partie du gramme;*

Puis tout à la fois : *hectare—100 ares; are—10 mètres carrés; centiare—100ᵉ partie de l'are.*

XIII. Cadran régulateur.

Au centre de cette façade de l'horloge est un cadran de 12 centimètres de diamètre, donnant l'heure au méridien de Besançon. Il s'appelle *régulateur*, parce que sa fonction est de régulariser et de coordonner les mouvements de toutes les parties de l'horloge, même ceux des cadrans extérieurs et de la sonnerie. Ainsi, en avançant ou en reculant son aiguille de cinq minutes, on fait avancer ou reculer d'autant toutes les autres aiguilles et toutes les parties mobiles de la pièce.

XIV. Statuette des heures.

Les diverses indications que nous venons de donner appartiennent à ce que nous pouvons appeler le premier étage de l'horloge.

Au-dessus de ce compartiment s'en trouve un second, où se meuvent des statuettes destinées à sonner les heures.

Et d'abord, à droite, se trouve la statue de saint Michel, de 42 centimètres de hauteur, et frappant sur un timbre le premier coup de chaque quart. Sur la gauche, l'archange saint Gabriel frappe le second coup du quart. Le premier est armé d'une main de justice et le second d'un sceptre.

Au milieu, les douze apôtres, placés sur un cercle mouvant, paraissent tour à tour dans une niche pour sonner l'heure. Chacun opère à son tour. Tous se succèdent à temps, par un mouvement spontané, pour sonner le nombre de coups qui lui appartient : saint Pierre un, saint Paul deux, etc.

Ce mouvement, parfaitement régulier, se fait instantanément et sans bruit, de six heures du matin à six heures du soir. Saint Thomas est seul chargé de sonner les heures de nuit.

Chaque apôtre est armé de son attribut propre, c'est-à-dire de l'instrument de son supplice, ou de l'insigne de sa dignité, avec lequel il frappe sur le timbre : ainsi saint Pierre porte ses clés, saint André, sa croix, saint Jacques le Majeur, un glaive, etc.

Toutes ces statuettes sont élégamment faites et convenablement coloriées. Le mouvement des bras est on ne peut plus libre et continuel. Toutes, il est inutile de le dire, sont mises en jeu par le mécanisme même de l'horloge.

XV. Statuettes des jours de la semaine.

Un troisième compartiment nous offre sept statuettes, de la hauteur de 42 centimètres, destinées à représenter les sept jours de la semaine. Ce sont les figures du Père Éternel, des saints Étienne, Ferréol, Ferjeux, Claude, Colomban, etc.

Chaque jour donc, à minuit, l'une d'elles paraît dans la niche et présente sur un écriteau le nom du jour qui commence, puis disparaît à la mi-nuit suivante, pour faire place à une autre, et ainsi de suite indéfiniment. Ce mouvement se perpétue de lui-même et par l'effet du mécanisme de la pièce.

XVI. Tombeau de J. C.

Un nouvel étage ou compartiment renferme le tombeau de N. S. J. C.

Tous les jours, à midi, ce tombeau s'ouvre et le Sauveur se lève dans l'attitude du triomphe, accordant aux hommes le temps pour qu'ils en profitent. Il ne paraît être soutenu que par sa propre vertu; car aucun ressort, aucun appui n'est visible à l'œil du spectateur.

En même temps, deux gardes, qui étaient debout

de chaque côté du sépulcre, tombent à la renverse, comme terrifiés par l'apparition inattendue du Dieu ressuscité.

Cette situation dure une demi-heure; après quoi, le Sauveur se recouche de lui-même dans le sépulcre qui se referme, et les deux gardes reprennent leur première attitude.

Tous ces mouvements s'opèrent avec une précision, une simultanéité et un naturel vraiment remarquables.

XVII. Statue de la sainte Vierge.

Le faîte de l'horloge est surmonté d'une statue de la Vierge, digne couronnement de l'œuvre. C'est une figure de 42 centimètres de hauteur, représentant Marie, les pieds sur le globe terrestre, où se voit en même temps une ancre, emblème de l'espérance des mortels. La Vierge tient à sa main un sceptre qu'elle abaisse chaque fois que J. C. se relève du tombeau, comme pour donner à son divin Fils un signe de son respect et de sa tendresse maternelle.

XVIII. Sonnerie.

1° L'horloge sonne les quarts doublés par le

moyen des statuettes de S. Michel et de S. Gabriel frappant sur des timbres.

2° Elle sonne l'heure du méridien de Paris. Ce sont les douze apôtres qui exécutent ce mouvement, comme il a été dit plus haut. Deux minutes après l'heure, sonne la répétition. St Thomas opère seul pendant la nuit.

3° Les quatorze méridiens sonnent aussi toutes leurs heures, leurs demies et la répétition des heures.

4° La sonnerie de midi s'exécute sur deux timbres.

5° L'*Angelus* est sonné matin et soir, par trois clochettes dans l'intérieur de l'horloge.

6° Tous les jours la retraite est sonnée à neuf heures du soir.

7° Les quarts, les heures et la répétition sont reproduits, au méridien de Besançon, sur la cloche de la cathédrale. Les quarts triples sont frappés sur trois clochettes placées sur l'une des fenêtres de la tour.

Toutes ces sonneries s'exécutent sans confusion, et avec une parfaite régularité.

XIX. Cadrans extérieurs.

Les indications que nous venons de donner ne sont visibles que dans l'intérieur de la tour. Pour l'usage du public, un certain nombre d'entre elles se reproduisent au dehors. A cet effet, trois cadrans de 3 mètres 33 centimètres (10 pieds) carrés, sont placés sur trois faces de la tour, et offrent :

Le premier (côté du fort Brégille) : les heures et les minutes, marquées par deux aiguilles. Une troisième aiguille indique le mois, le jour du mois, la saison et l'entrée du soleil dans les signes du zodiaque.

Le second (côté de la citadelle) indique l'heure et la minute, et les phases de la lune, au moyen d'un globe de 33 centimètres de diamètre.

Le troisième (côté de la porte Notre-Dame) indique l'heure et la minute, et les jours de la semaine.

Tous ces mouvements, il est inutile de le répéter, sont produits par un moteur unique, à l'aide de rouages de transmission, dont le jeu est aussi sûr que facile.

L'horloge se remonte toutes les trente-six heures.

XX. Résumé.

En résumé, l'horloge de Besançon renferme 72 cadrans ou vignettes indicatives, dont :

34 sur la façade de devant ;

5 sur celle de derrière ;

30 sur les côtés ;

3 à l'extérieur de la tour.

Elle met en jeu 24 cloches, timbres et sonnettes, et 22 statuettes.

Elle donne plus de 100 indications diverses.

Quant aux matériaux employés, tout est fer, cuivre, bronze ou acier. Les cadrans, moins les trois extérieurs, sont tous en albâtre, avec vignettes en émail, cercle et aiguilles en cuivre doré.

Le chevalet est aussi remarquable par sa solidité que par l'élégance de ses formes. Il sort des ateliers de M. Saint-Evre de Besançon.

La plupart des grosses pièces ont été façonnées sur modèles par MM. Bailly-Comte, de Morey (Jura).

Les statuettes sont l'ouvrage de M. Baldauf, de Besançon.

XXI. Notice sur l'auteur.

L'auteur de ce bel ouvrage, le plus complet, sans aucun doute, qui existe dans l'horlogerie, se nomme Bernardin (Constant-Flavien), de Saint-Loup-sur-Angronne (Haute-Saône). Il est né le 15 janvier 1849, et a par conséquent atteint sa trente-sixième année. Son père est un horloger doué d'une remarquable faculté d'invention. Ce fut sous ses yeux et par son exemple que notre artiste conçut, dès le bas âge, ce goût et cette facilité de combinaisons mécaniques dont l'horloge de Besançon est la brillante expression. N'ayant pas reçu d'autre instruction que celle que reçoit communément un enfant de village, Bernardin a dû en quelque sorte se créer lui-même. Jeune encore il lisait et comprenait les traités les plus ardus de mécanique et d'astronomie : son esprit vif en saisissait, en dévorait toutes les difficultés. Quelques détails puisés dans des almanachs lui donnèrent la première idée d'une horloge astronomique : aussitôt il se mit à l'œuvre et travailla deux ans avec une infatigable persévérance. L'horloge, fruit de ce premier essai, arrivée trop tard pour être inscrite sur le livret de l'Exposition de 1849, fut néanmoins admise à y figurer et lui attira les éloges de tous les connaisseurs, et en particulier ceux du Président de la République, et le Jury central de l'Exposition lui accorda une mention honorable. Plusieurs journaux, entre autres l'*Univers*[1], rendirent compte de cette pièce remarquable, qui contenait déjà un bon nombre des indications que nous retrouvons dans celle-ci. L'Académie nationale reçut l'auteur dans son sein et lui décerna, en 1850, une médaille d'honneur en argent et en 1855 une médaille d'or. Le conseil général de la Haute-

1. Numéro du 29 septembre 1850.

Saône lui accorda une prime de 500 francs à titre d'encouragement; et la chambre de commerce de Gray l'envoya comme délégué de l'industrie à l'Exposition de Londres en 1851.

Mais le talent ne mène pas toujours à la fortune. Bernardin avait consommé dans son premier essai le fruit de ses économies. Sur ces entrefaites, S. Ém. le Cardinal Mathieu ayant à construire une horloge pour sa cathédrale, daigna prendre en considération le génie naissant; et c'est à la bienveillance de ce vénérable prélat que l'artiste devra son bien-être à venir et l'horlogerie son chef-d'œuvre. Un écusson en émail, placé sur la principale façade de l'horloge, rappelle le nom et offre les armes de Son Éminence.

Commencée en décembre 1850, l'horloge a été achevée en avril 1855 : ayant ainsi coûté un peu plus de quatre ans de travail. L'artiste a été très-heureusement secondé par un jeune ouvrier, Hippolyte Tisserand, de la papeterie de Saint-Bresson (Haute-Saône), le seul aide qu'il se soit adjoint pour son travail. La justice demande que nous mentionnions, en passant, ce zélé et habile ouvrier qui a, dès l'abord, saisi l'idée du maître, l'a suivie et appliquée avec un talent, une persévérance et un dévouement dignes des plus grands éloges.

Il est à croire que Bernardin ne s'arrêtera pas en si belle voie. Son génie inventif est loin d'être épuisé, et l'industrie ne tardera sans doute pas à saluer quelques nouvelles découvertes, fruits de son talent d'autant plus remarquable qu'il ne doit rien à l'art, mais tout à la nature.

www.ingramcontent.com/pod-product-compliance
Lightning Source LLC
Chambersburg PA
CBHW060555050426
42451CB00011B/1928